BEI GRIN MACHT SICH IHR WISSEN BEZAHLT

- Wir veröffentlichen Ihre Hausarbeit, Bachelor- und Masterarbeit

- Ihr eigenes eBook und Buch - weltweit in allen wichtigen Shops

- Verdienen Sie an jedem Verkauf

Jetzt bei www.GRIN.com hochladen und kostenlos publizieren

Tobias Ziltener

Die historische Lingua Franca des Mittelmeerraumes

GRIN Verlag

Bibliografische Information der Deutschen Nationalbibliothek:

Die Deutsche Bibliothek verzeichnet diese Publikation in der Deutschen Nationalbibliografie; detaillierte bibliografische Daten sind im Internet über http://dnb.d-nb.de/ abrufbar.

Dieses Werk sowie alle darin enthaltenen einzelnen Beiträge und Abbildungen sind urheberrechtlich geschützt. Jede Verwertung, die nicht ausdrücklich vom Urheberrechtsschutz zugelassen ist, bedarf der vorherigen Zustimmung des Verlages. Das gilt insbesondere für Vervielfältigungen, Bearbeitungen, Übersetzungen, Mikroverfilmungen, Auswertungen durch Datenbanken und für die Einspeicherung und Verarbeitung in elektronische Systeme. Alle Rechte, auch die des auszugsweisen Nachdrucks, der fotomechanischen Wiedergabe (einschließlich Mikrokopie) sowie der Auswertung durch Datenbanken oder ähnliche Einrichtungen, vorbehalten.

Impressum:

Copyright © 2010 GRIN Verlag GmbH
Druck und Bindung: Books on Demand GmbH, Norderstedt Germany
ISBN: 978-3-656-31105-8

Dieses Buch bei GRIN:

http://www.grin.com/de/e-book/204562/die-historische-lingua-franca-des-mittelmeerraumes

GRIN - Your knowledge has value

Der GRIN Verlag publiziert seit 1998 wissenschaftliche Arbeiten von Studenten, Hochschullehrern und anderen Akademikern als eBook und gedrucktes Buch. Die Verlagswebsite www.grin.com ist die ideale Plattform zur Veröffentlichung von Hausarbeiten, Abschlussarbeiten, wissenschaftlichen Aufsätzen, Dissertationen und Fachbüchern.

Besuchen Sie uns im Internet:

http://www.grin.com/

http://www.facebook.com/grincom

http://www.twitter.com/grin_com

Lingua Franca

Über die historische Lingua Franca des Mittelmeerraumes

Inhaltsverzeichnis

Inhalt

Über die historische Lingua Franca des Mittelmeerraumes 1
Vorwort 2
Einführung 3
    Lingua Franca – Definition 3
    Lingua Franca – Erläuterung 3
Die Lingua Franca des Mittelmeeres 5
    Entstehung 5
Geographische und zeitliche Verbreitung 9
Anwendungsbereich 12
    Wer verwendete die Sprache? 12
    Analyse des Aufbaus anhand mehrerer Beispiele 12
        Le Bourgeois Gentilhomme 13
        Topographía e historia general de Argel 19
        Dictionnaire de la langue franque ou petit mauresque 26
Lingua Franca im Vergleich zur englischen Sprache 30
Abschliessendes Votum 32
Nachwort 34
Literaturverzeichnis 35

Vorwort

In der folgenden Arbeit versuche ich zu ergründen, um was es sich genau bei der sogenannten „Lingua Franca des Mittelmeeres" handelt. Auf dieses Thema bin ich durch Herrn Stephan Frech aufmerksam geworden, der mir, als ich mit ihm über mögliche Maturarbeitsthemen sprach, von der Lingua Franca erzählte. Ich informierte mich über sie und das Gefundene weckte mein Interesse. Einerseits sagte mir die sprachliche Komponente zu, andererseits aber auch der historische Teil. So entschied ich mich die Lingua Franca des Mittelmeeres zum Gegenstand meiner Maturarbeit zu machen.

Mein Ziel ist es, herauszufinden, wie und warum sich die Lingua Franca entwickelt hat, wie sie aufgebaut war und wieso sie schliesslich verschwand. Desweiteren möchte ich die Bedeutung der Sprache für den internationalen Handel im mittelalterlichen Mittelmeer ergründen und erarbeiten, wieso es zu eben dieser Bedeutung gekommen ist, wieso heutzutage der Begriff „Lingua Franca" für eine Verkehrssprache steht, die ihren Einfluss über ein grösseres Gebiet ausdehnen konnte und somit ein integraler Bestandteil des Handelssystems ist. Was führte zu dieser Sprache, von der so gut wie nichts erhalten ist, ausser ihrem Namen?

Einführung

Lingua Franca – Definition

Eine Lingua Franca (Italienisch für: *Sprache der Franken*[1]) ist eine Sprache, die es Personen mit unterschiedlicher Muttersprache ermöglicht, miteinander zu kommunizieren. Eine Sprache wird als Lingua Franca bezeichnet, wenn sie eine zu erlernende Sprache für beide Personen darstellt.[2]

Lingua Franca – Erläuterung

In der ursprünglichen Bedeutung ist Lingua Franca die Bezeichnung für die auf den romanischen Sprachen basierende Verkehrssprache im mittelalterlichen und neuzeitlichen Mittelmeer. Die in der Levante[3] ansässigen Araber gaben der Sprache der Europäer, mit denen sie in Kontakt gerieten, *den Namen lisân al-farandz, die Sprache der Franken.*

Der Begriff „Franke" muss als arabische Verallgemeinerung für alle Europäer und nicht nur die Bewohner Frankreichs gesehen werden. Diese Bezeichnung kam im Zuge der Kreuzzüge auf. Beide Gruppen, die Europäer und die Araber, benutzten anfangs die Bezeichnung Lingua Franca nur für die Verkehrssprache, in der sie sich unterhalten konnten.

Zu seiner heutigen Bedeutung kam der Begriff durch eine Fehlübersetzung. *Lingua Franca* wurde als *Freie Sprache* übersetzt anstatt als *Sprache der Franken*. Fortan wurde jede weitverbreitete Verkehrssprache als Lingua Franca bezeichnet, da der Begriff nunmehr eine „freie" Sprache bezeichnete, die von jedem genutzt werden konnte.

Sabir[4] ist eine, erstmals 1852 belegte, andere Bezeichnung für die Lingua Franca in den Maghrebstaaten. Der Begriff Sabir wird insbesondere für die damalige Verkehrssprache im heutigen Algerien verwendet. Diese bestand zuerst, wie die Lingua Franca im gesamten westlichen Mittelmeer, aus einem spanischen Grundgerüst, das durch zahlreiche arabische, berberische und katalanische Einflüsse geprägt war. Im Zuge der Eroberung Nordwestafrikas durch Frankreich

---

[1] Ursprüngliche Bezeichnung für das westgermanische Volk der Franken.
[2] Vgl: http://en.wikipedia.org/wiki/Lingua_franca (26.8.2010)
[3] Bezeichnet insbesondere die Küstengebiete und das Hinterland Syriens, Libanons, Israels und Jordaniens.
[4] Sabir: französische Abwandlung von spanisch *saber* (wissen), lateinisch *sapere* vgl.
http://fr.wikipedia.org/wiki/Sabir (6.11.2010)

unterlag die dortige Lingua Franca einem starken französischen Einfluss und wurde zu dem, was man als Sabir bezeichnet. Sabir unterscheidet sich insofern von der originalen Lingua Franca, als dass die ursprüngliche Prägung durch das Italienische und das Spanische zu Gunsten des Französischen schwand. Gleichzeitig führten die französischen Eroberungen, die 1830 begannen, auch zum Ende der originalen Lingua Franca und des Sabirs. Durch die ständige Besatzung lernten immer mehr Araber und Berber Französisch, und immer mehr Franzosen lernten Arabisch, wodurch der Verwendungsbereich der Lingua Franca immer weiter eingeschränkt wurde, bis sie schliesslich zu Gunsten der Hochsprachen erlosch.[5]

---

[5]Schuchardt: Die Lingua franca, *Zeitschrift für rom. Philologie 33 (1909)* S.457

Die Lingua Franca des Mittelmeeres

Entstehung

Wie alle Pidgins[6] entstand die Lingua Franca durch den Kontakt zweier Völker, die unterschiedlicher Sprachen mächtig waren.[7] Die Entstehung der Lingua Franca an einem bestimmten Ort festzumachen, wäre jedoch zu kurz gegriffen. Die Lingua Franca oder besser gesagt, frühe Formen der Lingua Franca, bildeten sich mehrmals. Diese frühen Formen bildeten sich zum einen im östlichen Mittelmeer und zum anderen im westlichen Mittelmeer aus und verschmolzen schliesslich an den Küsten der Maghrebstaaten. Im östlichen Teil des Mittelmeeres bildete Italienisch die Hauptgrundlage, im westlichen Spanisch. Der Beginn des Prozesses der Entstehung der Lingua Franca dürfte irgendwann zwischen dem ersten Kreuzzug und dem Untergang des christlichen Königreiches von Jerusalem liegen.[8] Diesen Entstehungsprozess darf man sich nicht als ein geradliniges Geschehen vorstellen, bei dem man die Entwicklung plante und förderte, sondern viel mehr als ständiges Fliessen, bei dem nach und nach eine Verkehrssprache auf der Basis einer romanischen Sprache mit arabischen, griechischen und türkischen Einflüssen entstand.

Wenn man sich in einer Fremdsprache unterhalten muss, sie aber nicht richtig beherrscht, kann es vorkommen, dass man auf Wörter aus der eigenen Muttersprache zurückgreift und diese dann in den gesprochenen Satz einbaut. In etwa so muss man sich diesen Entwicklungsprozess vorstellen. Araber, die nicht des Italienischen mächtig waren, versuchten sich mit italienischen Kaufleuten zu unterhalten. So kam es dazu, dass sich arabische Kaufleute in gebrochenem Italienisch, vermischt mit arabischen Wörtern, mit italienischen Kaufleuten unterhielten. Diese schnappten wiederum bei dieser Gelegenheit arabische Wörter auf, die zum Teil als Lehnwörter in die europäischen Sprachen Einzug hielten. Bei diesem Prozess dürften insbesondere die venezianischen und genuesischen Händler eine bedeutende Rolle gespielt haben. Durch ihre Kolonien im östlichen und

---

[6] Pidgin ist die Bezeichnung für eine reduzierte Sprachform, die aus mindestens zwei verschiedenen Sprachen entstehen, die in einer bestimmten Umgebung aufeinandertreffen. Die Etymologie des Begriffes Pidgin ist nicht gänzlich geklärt. Es existieren verschiedene Theorien von denen die meisten einen Bezug zum Handel der Briten und Portugiesen im 19. Jh. mit dem chinesischen Kaiserreich herstellen. Unter anderem wird die chinesische Schreibweise von engl. *Business* als möglicher Ursprung des Begriffes gehandelt.
Vgl. http://de.wikipedia.org/wiki/Pidgin-Sprachen (7.11.2010)
[7] http://www.weikopf.de/index.php?article_id=57 (12.11.2010)
[8] Jocelyne Dakhlia: *Lingua Franca - Histoire d'une langue métisse en Méditerranée*, Actes Sud, 2008

südlichen Mittelmeer, sowie in Genuas Fall auch im westlichen, standen sie den arabischen Händlern des Orients bedeutend näher als sonst eine europäische Seemacht.

Im Laufe der Zeit breitete sich diese Pidginsprache unter den Matrosen, Kaufleuten und Hafenarbeiter aus. Durch das wachsende Handelsvolumen der venezianischen und genuesischen Kaufleute mit arabischen Städten wurde die Notwendigkeit für Kaufleute im östlichen Mittelmeer grösser, sich mit Hilfe dieser Pidginsprache zu verständigen. Es war ein Muss, Kenntnisse der Lingua Franca zu besitzen. Im westlichen Mittelmeer geschah dasselbe, mit dem Unterschied, dass dort Spanisch das Fundament der Pidginsprache bildete. Der enge Kontakt der beiden Sprachgebiete auf der iberischen Halbinsel bildete den idealen Nährboden für die Entstehung eines Pidgins.

Die iberische Halbinsel war zu dieser Zeit zum grossen Teil von den muslimischen Mauren besetzt. Die Mauren waren im Zuge der arabischen Expansion zum Islam konvertiert und hatten die arabische Sprache angenommen. Als sie weite Teile der iberischen Halbinsel eroberten, kam somit auch das Arabische auf die Halbinsel. Bedingt durch die geographische Nähe und dem Austausch zwischen den spanischsprachigen christlichen Königreichen im Norden und den arabisch sprachigen Mauren im Süden entstand auch hier eine frühe Form einer auf dem Spanischen basierenden Lingua Franca, die sich, bedingt durch die Übereinstimmung eines Grossteils des Vokabulars und der gleichen Vereinfachung der Grammatik, nicht wesentlich von der im zentralen und östlichen Mittelmeer unterschied.

Nachdem die Mauren im Zuge der Reconquista von der Iberischen Halbinsel vertrieben wurden, war der direkte Kontakt der beiden Sprachen nicht mehr gegeben. Diese Situation änderte sich jedoch, als die Spanier anfangs des 16. Jahrhunderts versuchten, die nordafrikanischen Küstenstädte zu erobern, um der sich von dort ausbreitenden Piraterie Herr zu werden.[9] Jedoch wurden die Küstenstädte der Maghrebstaaten als Reaktion auf die spanischen Eroberungen von griechisch-türkischen Korsaren zurück erobert. Dies wurde ihnen hauptsächlich durch die Unterstützung des osmanischen Sultans ermöglicht, dessen Oberhoheit sie, im Gegenzug für umfangreiche militärische Unterstützung, anerkannten. Die

---

[9] http://en.wikipedia.org/wiki/Barbary_corsairs (12.11.2010)

Piraterie, die von den Städten Algier, Tunis und Tripolis ausging, war bis zum Ende des 18. Jahrhunderts eines der Hauptprobleme für europäische Handelsschiffe.[10] Zugleich bereiteten die Korsaren mit ihren Überfällen auf an der Küste gelegenen Dörfern und kleineren Städten der romanisch sprachigen europäischen Staaten den Boden für die weitere Entwicklung der Lingua Franca im östlichen Mittelmeer. Bei diesen Raubzügen entführten sie oftmals die dort ansässige Bevölkerung, um sie als Sklaven zu verkaufen. Diese Sklaven, die Französisch, Spanisch, Italienisch und Portugiesisch sprachen, mussten fortan türkischen oder maurischen Herren dienen. Man kann sich vorstellen, dass es aufgrund der Ähnlichkeit ihrer Muttersprachen für sie einfach gewesen sein muss, sich untereinander zu verständigen. Zugleich lebten sie in unmittelbarem Kontakt zu ihren Arabisch sprechenden Herren, wodurch sie im Laufe der Jahre mehr oder weniger lernten, Arabisch zu verstehen, was schliesslich zur Entstehung der Lingua Franca in diesen Gebieten führte. Die Küstenstädte, in denen die Korsaren[11], die Händler und die Reisenden aus aller Welt zusammentrafen, bildeten den idealen Ausgangsort für die Entwicklung der Lingua Franca.

Trotz der Vertreibung der spanischen Besatzungsmacht waren die nordafrikanischen Hafenstädte Orte, an denen man viele Spanier sowie andere freie Europäer antreffen konnte. Viele dieser Spanier waren spanische Juden, die Spanien wegen des Alhambra-Edikts von 1492 verlassen hatten. Sie brachten die spanische Sprache nicht nur in die Hafenstädte der Barbareskenstaaten[12], sondern auch in grosse Teile der übrigen muslimischen Welt, insbesondere in das osmanische Reich, in dem ihnen von Bayezid II[13] Zuflucht gewährt wurde. Auf diese Weise kam es wiederum zu dem Umstand, dass eine romanische Sprache in direktem Kontakt zur arabischen und türkischen Sprache stand.

Es existierten also zwei Ausprägungen der Lingua Franca, die eine im Westen, die andere im Osten. Die Vermischung der beiden erfolgte durch dieselben Leute, die

---

[10] Vgl. Salvatore Bono *Piraten und Korsaren im Mittelmeer*
[11] Bezeichnung für die nordafrikanischen Piraten, die im Mittelmeer auf Beutezug gingen. Siehe http://de.wikipedia.org/wiki/Korsar_(Pirat) (12.11.2010)
[12] Barbareskenstaaten, alte Bezeichnung für die berberischen Staaten Nordafrikas zwischen dem 16. und dem 19. Jahrhundert. Zu den Barbareskenstaaten gehörten die muslimischen Länder Algerien, Marokko, Tripolis und Tunesien; sie alle standen unter der Oberherrschaft des Osmanischen Reiches.
http://www.enzyklo.de/Begriff/Barbareskenstaaten (22.10.2010)
[13] Bayezid II (3.12.1447 bis 26.5.1512) war ein osmanischer Sultan, der die aus der iberischen Halbinsel vertriebenen Juden in seinem Reich aufnahm. Siehe: http://de.wikipedia.org/wiki/Bayezid_II. (7.11.2010)

auch schon für die Entstehung der Lingua Franca im östlichen Mittelmeer verantwortlich waren. Kaufleute fuhren mit ihren Handelsschiffen kreuz und quer über das Mittelmeer. So glichen sich die beiden Lingua Franca, die sich ohnehin schon ziemlich ähnelten, immer mehr an. Dieser Vorgang ist leicht durch die natürlichen Voraussetzungen der beiden Pidgins gegeben. Wie schon gesagt, stimmte ein Grossteil des Vokabulars überein, aus dem einfachen Grund, dass Spanisch und Italienisch zwei romanische Sprachen sind, die durch ihre gemeinsame Abstammung sehr oft die gleichen Wörter besitzen, wenn auch jeweils in einer teils mehr, teils weniger stark abgewandelten Form. Oft ist deshalb eine eindeutige Zuordnung zu einer der beiden beteiligten Sprachen nicht möglich. Die Grammatik war bei beiden dieselbe, nämlich die für Pidginsprachen typische Vereinfachung der Grammatik. Zudem dürften die Übergänge zwischen den beiden Varianten so fliessend gewesen sein, dass es im Prinzip keinen Unterschied machte, ob man die westliche oder die östliche Variante sprechen konnte. Aus diesem Grund ist es schwierig zwischen den beiden Ausführungen zu unterscheiden. Erschwert wird das Ganze durch die spärliche Quellenlage.

Geographische und zeitliche Verbreitung

(Ausschnitt aus dem Katalanischen Weltatlas von 1375)[14]

Das erste Auftreten eines italienisch-arabischen Pidgins liegt vermutlich in der Zeit der Kreuzzüge. Einen Beleg für diesen frühen Kontakt findet man in Lehnwörtern, die höchstwahrscheinlich in dieser Zeit ihren Einzug in die jeweils andere Sprache fanden. Beispiele stellen unter anderem *fatùra* (Warenrechnung), *msura* ('misura', Ausmessung), *bruva* ('prova', Test), *bandalòn* ('pantaloni', Hose), *sgarbìne* ('scarpa', Schuhe) da. Im Gegenzug schafften es auch einige arabische Wörter ins Italienische. Dies wären *ricamo* (Stickerei von arabisch raqm, Figur), *ragazza* (Mädchen von raqqàs, Kellnerin in einer Taverne).[15]

Die Quellenlage für das erste Auftreten der Lingua Franca ist ziemlich knapp bemessen. Erst ab dem 16. Jahrhundert bis ins 19. Jahrhundert tauchen vermehrt Quellen auf, die die Existenz der Lingua Franca belegen. Als die wahrscheinlich bekannteste Quelle für diese Zeit ist eine Szene aus Molières *Le Bourgeois gentilhomme* (1670) hervorzuheben. Bei diesem Zeugnis handelt es sich um das „Lied" des Muftis in der 5. Szene des IV. Aktes. Als eine weitere Quelle und zudem

---
[14] http://en.wikipedia.org/wiki/Catalan_Atlas (7.11.2010)
[15] Quelle der Beispiele : An Introduction to Lingua Franca – Roberto Rossetti,
https://pantherfile.uwm.edu/corre/www/franca/edition3/lingua5.html (16.9.2010)

eine gute Beschreibung der Verwendungsweise der Lingua Franca ist Diego de Haedos *Topographía e historia general de Argel* (Valladolid, 1612).

Er beschreibt darin, dass die Lingua Franca eine Mischung aus verschiedenen romanischen Sprachen mit arabischen Einflüssen ist, sowie, dass sie in Algerien vor allem zur Kommunikation mit den christlichen Sklaven genutzt wurde. Durch diese und andere Quellen kann davon ausgegangen werden, dass die Lingua Franca spätestens ab dieser Zeit, dem 16. Jahrhundert, bereits verbreitet war.

Das Verschwinden der Lingua Franca fällt mit dem Zeitalter des Imperialismus zusammen. Zeitgleich mit dem Beginn der französischen Eroberung Nordwestafrikas erschien, um den französischen Truppen die Kommunikation mit den Einheimischen zu erleichtern, eine Büchlein namens: *Dictionnaire de la langue franque ou petit mauresque,* Marseille, 1830.[16] Nachdem die Franzosen 1830 mit der Eroberung Nordwestafrikas begannen kam es zu einem Französieren der Lingua Franca. Aus dieser Zeit stammt auch die verbreitete Bezeichnung *Sabir* für die Lingua Franca. Mit der Zeit, als die französische Kolonialherrschaft immer länger andauerte, führte dies zum Aussterben der Lingua Franca. Sie wurde nicht mehr gebraucht, um sich mit den romanisch sprachigen Sklaven zu verständigen, da es keine solchen Sklaven mehr gab. Zudem waren die Araber und Berber gezwungen Französisch zu erlernen, um sich mit ihren Eroberern zu verständigen. Gleichzeitig lernten die Franzosen sehr häufig Arabisch, um auch von ihrer Seite her die Verständigungsprobleme zu lösen. Durch die sich ausbreitende Zweisprachigkeit ging der Bedarf für die Lingua Franca in den Mittelmeerkolonien zurück. Es kann davon ausgegangen werden, dass etwa ab dem Ende des 19. Jh./Anfang 20. Jh. die Lingua Franca im Mittelmeer ausser Gebrauch kam und schliesslich aus dem Leben der Menschen verschwand.

Die Lingua Franca war, wie bereits mehrfach erwähnt, über den gesamten Mittelmeerraum verbreitet, wobei durch mehrere Quellen die Existenz in den Küstengebieten der Maghrebstaaten besonders gut belegt ist.[17] Hierbei ist die besondere Rolle als eine Art Kommunikationsmittel zwischen dem christlichen

---

[16] Schuchardt : Die Lingua franca, Zeitschrift für rom. Philologie 33 (1909), 441-461

[17] Schuchardt: Die Lingua franca, Zeitschrift für rom. Philologie 33 (1909) 441-461, Jocelyne Dakhlia: *Lingua Franca - Histoire d'une langue métisse en Méditerranée*, Actes Sud, 2008, Diego de Haedos *Topographía e historia general de Argel* (Valladolid, 1612

Europa und dem islamischen Orient zu erwähnen. Dieser Funktion verdankte es die Lingua Franca, dass sie in nahezu allen Hafenstädten des Mittelmeeres verstanden wurde.

Jedoch muss man an diesem Punkt einwenden, dass ihr eigentlicher Gebrauch und damit ihre geographischen Zentren in den Küstenstädten der Levante und denen des Maghreb lagen. Durch ihre Funktion als Handelssprache, die hauptsächlich von Seeleuten gesprochen wurde, die im Mittelmeer herumreisten, aber irgendwann wieder in ihre Heimathäfen in Europa zurückkehrten, war es eben möglich, dass sie auch in den europäischen Hafenstädten verstanden wurde.

Anwendungsbereich

Wer verwendete die Sprache?

Die anfänglichen Verwender der Lingua Franca dürften die See- und Kaufleute gewesen sein, die quer durch das ganze Mittelmeer fuhren. Durch den Umstand, dass sie Handel mit den Arabern und Türken treiben wollten, waren die europäischen Händler gezwungen einen Weg zu finden, mit dem sie sich mit den Arabern und Türken unterhalten konnten. Dies mündete in der Entstehung der Lingua Franca, da es weder für die europäischen noch die arabischen See- und Kaufleute notwendig war, die jeweils andere Sprache zu lernen.

Eine andere wichtige Rolle erfüllte die Lingua Franca im Bereich der Sklaverei. Zahlreiche Bewohner romanisch sprachiger Länder waren im Zuge der Piratenüberfälle zu Sklaven in Arabisch sprachigen Gebieten geworden, was dort ebenfalls den Zwang entstehen liess, sich mit Menschen anderer Muttersprache zu verständigen. Arabisch, Okzitanisch, Katalanisch, Italienisch, Spanisch, Französisch und Portugiesisch sprechende Leute mussten miteinander sprechen.[18] So musste man sich mit Hilfe eines Pidgins verständigen.

Zusammengefasst kann gesagt werden, dass die Lingua Franca eine Sprache der Händler, Matrosen, Reisenden und Versklavten war.

Analyse des Aufbaus anhand mehrerer Beispiele

Im Gegensatz zu einer normalen Sprache, d.h. eine Sprache mit Muttersprachlern und einer voll entwickelten Schrift, gab es keine Verwendung für die Aufzeichnung von Informationen in der Lingua Franca. Die Lingua Franca erfüllte ihren primären Zweck als Verkehrssprache dadurch, dass sie der mündlichen und nicht der schriftlichen Kommunikation diente. Die schriftliche Kommunikation fand, wenn überhaupt, in den jeweiligen Muttersprachen statt. Die Lingua Franca wurde nur für die Verständigung innerhalb der Handelsrouten und der oben erwähnten Kommunikation zwischen Sklaven und Herren benutzt. Sie ist ein Gemisch der Sprachen, ein Ergebnis der Umstände. Trotz dieser Tatsache existieren mehrere schriftliche Texte bei denen man davon ausgehen kann, dass sie die Lingua Franca wiedergeben. Bei den zu den Texten gehörenden Tabellen wurden jeweils die wahrscheinlichen Ursprungswörter fett markiert.

---

[18] Mit diesen Sprachen sind nicht die Hochsprachen, sondern die Dialekte, die damals verbreitet waren, gemeint.

Le Bourgeois Gentilhomme

Das bekannteste Beispiel für einen Text, der für ein Exempel der Lingua Franca gehalten werden kann, ist wohl ein Ausschnitt aus *Molières Le Bourgeois Gentilhomme.* Hierbei handelt es sich um das sogenannte Muftilied. Bei diesem Lied, wird die Frage aufgeworfen, ob es ein originalgetreues Beispiel für die Lingua Franca um 1670 ist, oder ob es sich um eine makkaronische Dichtung[19] handelt.

Szene V Akt IV Le Bourgeois Gentilhomme (Molière):

LE MUFTI

Se ti sabir,
Ti respondir;
Se non sabir
Tazir, tazir.
Mi star Mufti:
Ti qui star ti?
Non intendir:
Tazir, tazir.

Deutsch

Wenn du weisst,

Wirst du antworten

Wenn du nicht weisst

Schweig, schweig.

Ich bin der Mufti:

Wer bist du?

Wenn du nicht verstehst:

Schweig, schweig

---

[19] http://de.wikipedia.org/wiki/Makkaronische_Dichtung (26.11.2010)

Lingua Franca	Latein	Italienisch	Französisch	Spanisch	Portugiesisch	Deutsch
se	se	**se**	si	se	se	wenn
ti	te	**ti**	te	ti	tu	dich, dir
sabir	sapere	sapere	sabir/savoir	**saber**	saber	wissen
respondir	respondere	rispondere	répondre	**responder**	**responder**	antworten
non	non	**non**	non	no	nâo	nicht
tazir	tacere	tacere	se taire			schweigen, strafen
mi	mihi	**me**	me	**mi**	me	mir, mich
star	stare	**stare**	être	estar	estar	sein
qui	qui			**qui**	quien		wer
intendir	intendere	**intendere**	entendre	entender	entender	verstehen

Grundlage für diese und alle folgenden Tabellen bildet der moderne Sprachstand der Hochsprachen. Die wahrscheinlichen Ursprungswörter sind fett hervorgehoben.

Die Besonderheit an diesem ersten Abschnitt ist, das erstmalige Auftreten des Wortes *sabir*. *Sabir* ist, wie bereits in der Erläuterung erklärt wurde, eine französische Abwandlung vom spanischen *saber*, welches vom lateinischen *sapere* herrührt[20] und *wissen* bedeutet. Zudem etablierte sich *sabir* durch den Aufsatz *La langue Sabir* von MacCarthy und Varnier, der am 11.Mai.1852 erschien,[21] als Bezeichnung für die Lingua Franca. Sie wählten diese Bezeichnung bewusst in Anlehnung an den *Se ti sabir*-Satz aus Molières *Le Bourgeois Gentilhomme*[22].

Tazir ist in dem Sinne besonders, als dass es eine Doppeldeutigkeit beinhaltet. Einerseits bedeutet es *schweigen* und stammt vom lateinischen *tacere* ab, das verwandt ist mit dem ahd. *dagen*, welches wiederum verwandt ist mit den deutschen Wörtern *Tag* und *tagen* ist.[23] Das z in *tazir* ist damit zu erklären, dass es aus der venezianischen Mundart übernommen wurde.[24]

Andererseits kommt *tazir* genau in diesem Wortlaut auch im Arabischen vor. *Tazir*[25] (arab. تعزير "T'zyr") bezeichnet im Arabischen bestimmte Formen der Bestrafung für Verbrechen, die im Ermessensspielraum des zuständigen Richters liegen.

---

[20] http://en.wiktionary.org/wiki/sapio#Latin (11.11.2010)
[21] Schuchardt: Die Lingua franca, Zeitschrift für rom. Philologie 33 (1909) S.457
[22] Schuchardt: Die Lingua franca, Zeitschrift für rom. Philologie 33 (1909) S.457
[23] http://en.wiktionary.org/wiki/taceo (11.11.2010) und
http://en.wiktionary.org/wiki/dagen#Old_High_German (11.11.2010)
[24] Schuchardt : Die Lingua franca, Zeitschrift für rom. Philologie 33 (1909) S.449
[25] http://www.oxfordislamicstudies.com/article/opr/t125/e2363 (13.10.2010)

Neben *sabir* und *tazir* sind in diesem ersten Abschnitt *respondir*, *star* und *intendir* als Verben zu finden. Wie aus der Tabelle ersichtlich wird, unterscheiden sich die im Muftilied verwendeten Formen, von denen der gängigsten romanischen Sprachen. *Star* wird in der Lingua Franca im Sinne von *sein* verwendet. Die Bedeutung *sein* erhielt *star* erst nachdem es aus dem Lateinischen in die romanischen Sprachen hinübergegangen war. Das lateinische *stare* bedeutet *stehen* und ist zugleich stammverwandt mit dem deutschen stehen. Die rekonstruierte protoindoeuropäische Wurzel ist *$steh_2$-*[26] und bedeutet *stehen*.

Star ist eine apokopierte[27] Form vom italienischen *stare* sein, oder auch eine Aphärese[28] des spanischen *estar*. Der Gebrauch von *star*-sowohl in der ersten Person Singular im Satz *Mi star Mufti*-als auch in der zweiten Person Singular, im darauffolgenden *Ti qui star ti?* zeigt die für Pidginsprachen typische Vereinfachung der Grammatik.[29] Oft wird in Pidginsprachen nur eine Form, z.B. der Infinitiv, für die verschiedenen Personen verwendet.

Respondir entspricht dem italienischen *rispondere*, dem französischen *répondre* und dem spanischen *responder*. Für *intendir* kommt nur das italienische *intendere* in Frage.

In diesem ersten Abschnitt fällt die Endung *–ir* der Verben *sabir*, *respondir*, *intendir* und *tazir*. *Star* fällt aus der Reihe. Wobei man beachten muss, dass man vom Schriftbild nicht auf die Aussprache schliessen darf.

Se wurde ohne jede Veränderung aus einer der in der Tabelle aufgeführten Sprachen übernommen. *Ti* wird im Sinne von *du* gebraucht, aber es bedeutet eigentlich *dich*.

---

[26] http://en.wiktionary.org/wiki/Appendix:Proto-Indo-European_*steh%E2%82%82- (11.11.2010)
[27] http://de.wikipedia.org/wiki/Apokope (11.11.2010)
[28] http://de.wikipedia.org/wiki/Aph%C3%A4rese (11.1..2010)
[29] http://www.weikopf.de/index.php?article_id=57 (11.11.2010)

LE MUFTI

Mahametta per Giordina
Mi pregar sera é mattina:
Voler far un Paladina
Dé Giourdina, Dé Giourdina.
Dar turbanta, é dar scarcina
Con galera é brigantina,
Per deffender Palestina.
Mahametta

Deutsch

Mohammed für Jordan

Ich bete Nacht und Tag

Ich will einen Paladin machen

Des Jordans, des Jordans.

Gib einen Turban, gib ein Krummschwert

Mit einer Gallere und einer Brigantine,

Um Palästina zu verteidigen.

Mohammed

Lingua Franca	Latein	Italienisch	Französisch	Spanisch	Portugiesisch	Deutsch
Mahametta		**Maometto**	**Mahomet**	Mahoma	Muhammad	Mohammed
per	pro/per	**per**	pour	por	por	für
Giordina	Iordanes	**Giordano**	Jourdain	Jordàn	Jordão	Jordan
pregar	precari	**pregare**	prier			beten
sera	vespera	**sera**	soir	vespertina	vesperal	Abend
é	et	**e**	et	**e**	**e**	und
mattina	mane	**mattina**	matin	mañana	matinal	Morgen, Tag
voler	velle	**volere**	vouloir	volición		wollen
far	facere	**fare**	faire	hacer	fazer	machen, tun
un	unus	uno	**un**	uno	um	ein, einen
Paladina	palatinus	**paladino**	**paladin**	paladîn	paladim	Paladin
Dé	de	di	**de**	**de**	**de**	von, aus
Dar	dare	**dare**		**dar**	**dar**	geben
turbanta		**turbante**	turban	**turbante**	turban	Turban
scarcina		scimitarra	cimeterre	cimitarra	cimitarra	Krummschwert
con	cum	**con**		**con**	com	mit
galera		**galera**	galère	**galera**	**galera**	Galeere
brigantina		brigantino	brigantim	bergantín	bergantim	Brigantine
deffender	defendere	difendere	défendre	defender	defender	verteidigen
Palestina	Palaestina	**Palestina**	Palestine	**Palestina**	**Palestina**	Palästina

In diesem Abschnitt sticht in der ersten Zeile *Mahametta* ins Auge. *Mahametta* ist eine deutlich romanisierte Form von Mohammed. Von der Schreibweise her kann die italienische wie auch die französische Form von Mohammed, *Mahametta* zu Grunde liegen.

Giordina stammt, wie *per*, eindeutig vom italienischen *Giordano*. *Pregar*, *voler* und *far* sind wie *star* apokopierte Formen von italienischen Verben. *Far* bedeutet machen, tun, die rekonstruierte protoindoeuropäische Wurzel *$dʰeh_1$ bedeutet hingegen setzen, stellen, legen.[30] Zu *far* verwandte Wörter sind unter anderem das englische *do* und das griechische τίθημι. *Sera*, *é* und *mattina* wurden unverändert aus dem Italienischen übernommen. *Sera* ist mit dem griechischen ἔσπερος verwandt.

Un und *dé* entsprechen ihren französischen Formen *un* und *de*. *Paladina* könnte aus verschiedenen romanischen Sprachen stammen, eine eindeutige Quelle ist nicht erkennbar. *Dar* könnte sowohl eine apokopierte Form von *dare*, wie auch eine unveränderte Übernahme des spanischen und portugiesischen *dar* sein.

Das Wort *turbanta (Turban)* hat einen interessanten Hintergrund. *Turbanta* stammt vom persischen Wort دلبند *dolband* ab[31], das ins Türkische wanderte, dort die Form *tülbent* annahm und schliesslich ins Italienische übernommen wurde und dort zu *turbante* wurde. Interessant ist zudem das Wort *scarcina*. *Scarcina* bedeutet Krummschwert und unterscheidet sich deutlich von den romanischen Entsprechungen. Auffällig ist zudem, dass *scarcina* ein italienischer Nachname ist, der gehäuft in der sizilianischen Provinz Messina vorkommt.[32]

Con, *galera* und *Palestina* entsprechen den italienischen und spanischen Formen. Der Ursprung von *deffender* liegt wahrscheinlich im spanischen *defender*, aber eine Abstammung vom italienischen *diffendere* kann auch nicht ausgeschlossen werden. *Brigantina*[33] ist ein ähnlicher Fall wie *Paladina*. Die genaue Sprache zu finden, aus der das Wort in die Lingua Franca gekommen ist, dürfte schwierig sein.

Diese beiden Ausschnitte stellen nur einen kleineren Teil des Muftilieds aus *Molières Le Bourgeois Gentilhomme* dar. Wenn man das Muftilied als Quelle für die Lingua Franca in Betracht zieht, gilt es zu beachten, was Molière mit dieser Szene bezwecken wollte. Der Mufti ist ein Besucher aus dem Morgenland und repräsentiert

---

[30] http://en.wiktionary.org/wiki/facio#Latin (11.11.2010)
[31] http://en.wiktionary.org/wiki/turban (11.11.2010)
[32] http://www.paginebianche.it/index_en.html (21.10.2010)
[33] http://de.wikipedia.org/wiki/Brigantine_(Schiffstyp) (26.11.2010)

dementsprechend den fremden moslemischen Ungläubigen. Molière wollte dies wahrscheinlich zum Ausdruck bringen, als er das Stück schrieb. Er verzichtete darauf, den Mufti Französisch sprechen zu lassen, und liess ihn stattdessen diese für die damaligen Zuhörer humoristisch anmutende Sprache sprechen.

Dies könnte einerseits dazu dienen, den Mufti als das zu charakterisieren, was er ist. Einen Fremdling aus dem Orient. Der Mufti stellt ein typisches Beispiel für einen Sprecher der Lingua Franca dar. Seine Muttersprache ist keine romanische, er hat die romanischen Wörter, die er kann, gelernt. Die Vermischung der verschiedenen Sprachen ist ein deutliches Indiz dafür, dass es sich bei dem Geschriebenen um eine Pidginsprache handelt. Die Dominanz italienischer Wörter spricht für die Herkunft des Muftis aus dem östlichen Mittelmeerraum, da die dortige Lingua Franca stark durch das Italienische geprägt war. Die französischen Wörter dürften dem Handlungsort geschuldet sein. Die *falschen* Formen, die er benutzt, sind ein weiterer Hinweis dafür, dass er in der Lingua Franca spricht. Der Text weist die bei einer Pidginsprache zu erwartenden Vereinfachungen auf.

Andererseits ist es ungewiss, wie viel Molière über die Lingua Franca wusste. Man kann davon ausgehen, dass er von ihrer Existenz wusste. Woher er seine Informationen bezog lässt sich allerdings nicht sagen.

Der Grund, wieso er den Mufti in dieser Sprache sprechen liess, dürfte daher vielmehr der sein, ihn wegen seiner ungenügenden Sprachkenntnisse lächerlich zu machen. Der Mufti spricht die Lingua Franca, um die Zuschauer des Stückes zu amüsieren.[34]

In Anbetracht dieser Tatsache scheint es zweifelhaft, ob das Muftilied wirklich eine originalgetreue Wiedergabe der Lingua Franca ist. Es kann genauso gut sein, dass es sich beim Muftilied einfach um etwas handelt, das sich Molière anhand von Berichten ausgedacht hatte, um für zusätzliche Erheiterung zu sorgen.

---

[34] Siehe: http://de.wikipedia.org/wiki/Makkaronische_Dichtung (26.11.2010)

Topographía e historia general de Argel

Eine weitere wichtige Textquelle für die Lingua ist das schon einmal erwähnte *Topographía e historia general de Argel* (Valladolid, 1612) von Diego de Haedo.

Diego de Haedo unternahm anfangs des 17. Jahrhunderts eine Reise in die nordafrikanischen Städte Algier, Tripolis und Tunis. In seinem Werk beschreibt er nicht nur die dortigen Verhältnisse, sondern er liefert auch mehrere Beispiele für die Lingua Franca, wie sie in Algerien anfangs des 17. Jahrhunderts anscheinend gesprochen wurde. Er bringt eigentlich nur Monologe, in denen meistens ein Sklavenbesitzer zu seinem Sklaven spricht. Diese Monologe stellen wahrscheinlich die wichtigste Quelle für die Struktur der Lingua Franca im frühneuzeitlichen Mittelmeer dar.

Auszug aus *Topographía e historia general de Argel*[35]:

Der Herr zum krank spielenden Sklaven

Lingua Franca

así, así, hora estar bueno, mira cane cómo hacer malato. Acosi, acosi, mirar cómo mi estar barbero bono, y saber curar, si estar malato, y ahora correr bono. Si cane dezir doler cabeza, tener febre no poder trabajar, a Fé de Dio abrusar vivo; trabajar, no parlar que estar malato.

Deutsch

So, so, nun schau, wie dieser Hund vorgibt krank zu sein. Du wirst sehen, welch guter Arzt ich bin und ich weiss, wie ich dich pflegen muss, wenn du krank bist und du wirst gut rennen. Wenn dieser Hund Kopfschmerzen und Fieber hat und nicht arbeiten kann, beim Glauben an Gott werde ich ihn lebendig verbrennen. Arbeite und sag nicht, dass du krank bist.

---

[35] Quelle der Auszüge: https://pantherfile.uwm.edu/corre/www/franca/edition3/texts.html#slave (22.10.2010)

Lingua Franca	Latein	Italienisch	Französisch	Spanisch	Portugiesisch	Deutsch
así	sic	cosî	ainsi	**así**	assim	so
hora	hora	ora	heure	**hora**	**hora**	nun, Stunde
estar	stare	stare	être	**estar**	**estar**	sein
bueno	bonus	buono	bon	**bueno**	bom	gut
mira(-r)	miror	**mirare**	mirer	**mirar**	**mirar**	sehen
cane	canis	**cane**	chien	can	cão	Hund
cómo	quomodo+t	come	comme	**cómo**	como	wie
hacer	facere	fare	faire	**hacer**	fazer	tun, machen
malato	malus	**malato**	malade	**malato**	mal	krank (böse)
acosi	sic	**cosî**	ainsi	así	assim	so
barbero	barba	barbiere	barbier	**barbero**	barbeiro	Arzt, (Barbier)
bono	bonus	**buono**	bon	bueno	bom	gut
y	et	e	et	**y**	e	und
saber	sapere	sapere	savoir	**saber**	saber	wissen
curar	curare	curare	curer	**curar**	**curar**	heilen
si	si	se	**si**	**si**	**si**	wenn
correr	currere	correre	courir	**correr**	**correr**	rennen
dezir	dicere	dire	dire	**decir**	dizer	sagen
doler	dolor	**dolore**	douleur	**dolor**	dolência	Schmerz
cabeza	caput	capo	chef	**cabeza**	**cabeza**	Kopf, Haupt
tener	tenere	**tenere**	tenir	**tener**	ter	haben
febre	febris	**febbre**	fièvre	fiebre	**febre**	Fieber
poder	posse	potere	pouvoir	**poder**	**poder**	können
trabajar	tripaliare	tribolare[36]	travailler	**trabajar**	trabalhar	arbeiten, leiden
a Fé de Dio						beim Glauben an Gott
abrusar	brusiare	bruciore	brûler	abrasar	abrasar	Verbrennen
vivo	vivus	**vivo**	vive	**vivo**	**vivo**	lebendig
parlar	parabolare	**parlare**	parler	palabra	palavra	sprechen
que	quid	che	**que**	**que**	**que**	dass

Dies ist einer der Monologe, die Haedo als Beispiele für die Lingua Franca anführt. Dieser Monolog unterscheidet sich insofern von dem Muftilied, als dass er vom Spanischen geprägt ist (im Vergleich zum Muftilied, das vom Italienischen gezeichnet ist). Aus dem Spanischen stammen unter anderem *así, hora, bueno, cómo, hacer, barbero, y, saber, dezir, cabeza und trabajar*. Diese Wörter wurden ohne jedwede Veränderung aus dem Spanischen übernommen, mit Ausnahme von *mira*, das aber auch in der spanischen Form *mirar* vorkommt. *Barbero* hat in seiner

---

[36] Bedeutet nur leiden und nicht arbeiten.

Geschichte einen spannenden Bedeutungswandel erfahren. Von der ursprünglichen protoindoeuropäischen Form *bʰardʰ-eh₂[37] (Bart), stammt auch der direkte lateinische Ursprung *barba* her. Das Wort *Barbar* ist, trotz der Ähnlichkeit, die es aufweist, nicht mit *barba* verwandt. Die Bedeutung, die *barbero* in diesem Zusammenhang inne hat, rührt von der mittelalterlichen Tätigkeit des Barbiers her. Ein Barbier rasierte nicht nur Bärte, daher kommt der Name, sondern er war auch als Wundheiler und Krankenpfleger tätig.[38]

Cabeza kommt vom altspanischen *cabeça* und stammt vermutlich vom lateinischen *caput*[39] ab und ist über das rekonstruierte protoindoeuropäische **kauput* mit dem deutschen *Haupt* verwandt.[40]

Cane, acosi, bono, febre und *parlar* dürften aus dem Italienischen in die Lingua Franca gelangt sein. *Cane* stammt, wie aus der Tabelle ersichtlich ist, vom lateinischen *canis* ab, welches wiederum vom protoindoeuropäischen **ḱwṓ*[41] herstammt. Das deutsche Wort Hund, wie auch das Wort Zyniker, stammen von **ḱwṓ* ab. Hund über das protogermanische **hundaz* und Zyniker über das altgriechische κύων.

Parlar entwickelte sich aus dem spätantiken lateinischen *parabolare*[42], welches vom klassisch lateinischen Wort *parabola* herstammt. *Parabola* wiederum, rührt vom altgriechischen παραβολή (Vergleich) her, das eine Zusammensetzung aus παρά und βάλλω ist.

Doler stimmt, ausser dem veränderten Vokal, mit dem spanischen *dolor* überein und dürfte wahrscheinlich von dort übernommen worden sein. *Abrusar* ist venezianischen Ursprungs.[43]

Wie bereits beim Muftilied, ist auch hier eine Vereinfachung der Grammatik zu beobachten. Die Verben wurden, mit Ausnahme von *mira*, im Infinitiv benutzt. Dies passt mit dem Bericht Haedos zusammen, der diesen Text als Beispiel für die Lingua Franca, in seinem Werk, aufführt. Im Unterschied zum Muftilied dominieren hier jedoch die aus dem Spanischen stammenden Wörter. Dies ist darauf zurückzuführen, dass diese Probe aus Algerien stammt, wo die auf dem

---

[37] http://en.wiktionary.org/wiki/barba#Latin (11.11.2010)
[38] http://de.wikipedia.org/wiki/Barbier (11.11.2010)
[39] http://en.wiktionary.org/wiki/caput (12.11.2010)
[40] http://en.wiktionary.org/wiki/cabeza (12.11.2010)
[41] http://en.wiktionary.org/wiki/Appendix:Proto-Indo-European_*%E1%B8%B1w%E1%B9%93 (11.11.2010)
[42] http://en.wiktionary.org/wiki/parlare (26.11.2010)
[43] Schuchardt: Die Lingua franca, Zeitschrift für rom. Philologie 33 (1909) S.453

Spanischen basierende Lingua Franca vorherrschend war.

Ein Christ wird für das Nachhause bringen eines unreinen Tieres gezüchtigt

Lingua Franca

Veccio, veccio, niçarane Christiano, ven aca, porque tener aqui tortuga? Qui portato de campaña? Gran vellaco estar qui ha portato. Anda presto, piglia, porta fora, guarda diablo, portar a la campaña, questo si tener en casa estar grande pecato. Mira no trovar altra volta, sino a fee de Dio, mi parlar patron donar bona bastonada, mumucho, mucho.

Deutsch

Alter, alter Christ Christiano, komm her, wieso hast du eine Schildkröte? Wer hat sie vom Land mitgebracht? Der, der sie brachte, ist ein grosser Bösewicht. Gehe schnell, nimm sie, setze sie nach draussen, möge der Teufel sie behalten, bring sie ins Land. Es ist eine grosse Sünde, sie im Haus zu behalten. Achte darauf, dass ich sie nicht ein andermal wieder hier finde, sonst werde ich, beim Glauben an Gott, mit dem Aufseher sprechen und ihn anweisen, dich sehr, sehr heftig und tüchtig zu schlagen.

Lingua Franca	Latein	Italienisch	Französisch	Spanisch	Portugiesisch	Deutsch
veccio	vetulus	vecchio	vieux	viejo	velho	alt
Christiano	Christiani	**Cristiano**	Christian	Cristián	**Cristiano**	Christian/Christ
ven	venire	**venire**	**venir**	venir	vir	kommen
aca	eccum hac			**acá**	cá	hier
porque	pro+quid	perché	parce que	porque	porque	weil
aqui	ecce hic	qui		**aquí**	**aqui**	hier
tortuga	tartarucha	tartaruga	tortue	**tortuga**	tartaruga	Schildkröte
qui	qui	**qui**	**qui**	quién	quem	wer, (hier)
portato/porta/portar	portare	**portare**	porter	**portar**	portar	bringen
campaña	campus	campo	champ	**campaña**	campo	Feld
gran/grande	grandis	**grande**	grand	grande	grande	gross
vellaco				bellaco		Schuft/Übel
ha	habere	avere	avoir	haber	haver	haben
anda	ambitare	**andare**		**andar**	**andar**	gehen
presto	praestus	**presto**	preste	**presto**	**presto**	schnell
piglia	prehendere	**pigliare**	prendre	prender	prender	nehmen
fora	foris/foras	fuori	dehors	fuera	**fora**	aussen
guarda		**guardare**	garder	**guardar**	**guardar**	hüten, bewachen
diablo	diabolus	diavolo	diable	**diablo**	diabo	Teufel
questo	que+istum	**questo**		este	este	dieser, dieses
en	in	in	**en**	**en**	em	in
casa	casa	**casa**	chez	**casa**	**casa**	Haus
pecato	peccatum	**peccato**	péché	**pecado**	pecado	Sünde
trovar	tropare	**trovare**	trouver			finden
altra	alter	**altro**	autre	otro	outro	andere
volta	volvere	**volta**		volver	volver	einmal
sino	si+non	se no	sinon	**sino**	senão	sonst
patron	patronus	patrono	**patron**	**patrón**	patrono	Patron
donar	donare	**donare**	donner	**donar**	doar	geben
bastonada	baculum+ata	**bastonata**	**bastonnade**	bastón+ata	bastão+ata	Schlag, Prügel
(mu-)mucho	multus	molto	moult	**mucho**	muito	viel, sehr

Wie der vorherige Monolog so ist auch dieser eine Rede eines Sklavenbesitzers an seinen Sklaven. Diese Reden haben gemeinsam, dass sie, im Gegensatz zum Muftilied, nicht in Versen geschrieben sind, sondern in Prosa.

Der spanische Einfluss ist auch hier unverkennbar. Aus dem Spanischen sind unter anderem *aca, porque, aqui, tortuga, campaña, vellaco, diablo, sino,, patron* und *mucho*. Von diesen Wörtern weist *tortuga* den interessantesten Hintergrund auf.

Tortuga bedeutet Schildkröte und ist vom lateinischen Begriff *tartaruchus* abgeleitet.[44] *Tartaruchus* wiederum bedeutet in etwa so viel wie *aus dem Tartaros* und kommt vom altgriechischen ταρταροῦχος, was ebenfalls *aus dem Tartaros* bedeutet.[45]Dies hängt damit zusammen, dass man im Aberglauben der Antike annahm, dass Schildkröten aus dem Tartaros[46] stammen.[47]

Veccio stammt, wie *abrusar* im anderen Monolog, aus der venezianischen Mundart.[48] *Niçarane* ist das einzige arabische Lehnwort im gesamten Monolog. Es ist aus dem arabischen *nasraney* abgeleitet.[49]

Auch in diesem Monolog sind die aus dem Italienischen stammenden Wörter zwar in der Unterzahl, aber dennoch gut vertreten. Zu ihnen gehören *piglia, pecato, trovar, altra* und *volta*. Sie wurden nur mit geringfügigen Änderungen übernommen. *Piglia* stammt vom italienischen *pigliare*, einer umgangssprachlichen Variante von *prendere*.[50] *Bastonada* kommt entweder vom französischen *bastonnade* oder vom italienischen *bastonata*. Die Ursprünge des Wortes liegen vermutlich im lateinischen Wort *baculum* (Stab), das das Suffix –*ata* bekommen hat. Das französische *bastonnade* bezeichnet explizit das Schlagen mit einem Stock, was auch in dem Zusammenhang dieses Dialoges gemeint ist. Das lateinische Suffix –*ata* ist die feminine Variante des Suffixes –*atum*.[51] *Es wurde benutzt, um Adjektive, Nomen und manchmal auch Verben mit dieser Endung zu kreieren.*[52] *Bastonnade* bezeichnet also eine Tätigkeit, die mit dem Stock ausgeführt wird. In diesem Falle das Schlagen mit einem Stock.

Christiano wird im Text grossgeschrieben, was darauf hindeutet, dass es sich hierbei eventuell um einen Namen handelt. Jedoch ist es nicht gänzlich auszuschliessen, dass es einfach wieder eine Bezeichnung für Christ ist, was das *niçarane Christiano* redundant macht, da er zweimal dasselbe sagt. Andererseits könnte es auch dazu dienen, zu betonen, dass es sich hier um einen Christen handelt.

---

[44] http://es.wiktionary.org/wiki/tortuga (12.11.2010)
[45] http://en.wiktionary.org/wiki/tortoise (12.11.2010)
[46] http://de.wikipedia.org/wiki/Tartaros (26.11.2010)
[47] http://en.wiktionary.org/wiki/tortoise (12.11.2010)
[48] Schuchardt: Die Lingua franca, Zeitschrift für rom. Philologie 33 S.453
[49] http://www.lessan.org/de/christ (12.11.2010)
[50] http://en.wiktionary.org/wiki/pigliare (12.11.2010)
[51] http://en.wiktionary.org/wiki/-ade#French (12.11.2010)
[52] Übersetztes Zitat von http://en.wiktionary.org/wiki/-ade#French (12.11.2010)

Fora (aussen, ausserhalb) besitzt mehrere mögliche Ursprungspunkte. Es stammt vom lateinischen foris oder seiner alternativen Form foras ab, welche wiederum auf die protoindoeuropäische Bezeichnung *dʰwor- bzw. *dʰwer- zurückgeht, die so viel bedeutet wie Tor, Tür.[53] Es ist mit dem altgriechischen θύρα verwandt.

Den genauen Hintergrund von *fora* zu klären, bleibt ein schwieriges Unterfangen, da *fora* in dieser Bedeutung sowohl im Portugiesischen, im Okzitanischen, im Katalanischen als auch im Piemontesischen vorkommt.[54]

Erwähnenswert ist noch die Form *portato*. Es ist die einzige Vergangenheitsform im gesamten Monolog und sie beweist, dass es in der Lingua Franca auch Vergangenheitsstufen gebildet wurden.

In diesen beiden Monologen gewinnen wir Einblick in die Mischvariante der Lingua Franca, wie sie in den Barbareskenstaaten verwendet wurde. Die Dominanz spanischer Wörter dürfte mit den Aktivitäten der spanischen Armee in Nordafrika erklärbar sein oder auch mit der generellen Ähnlichkeit der spanischen, portugiesischen, okzitanischen und italienischen Wörter, so dass man nicht gross darüber nachdachte, welche man gebrauchte. Einen weiteren Faktor, den es zu beachten gilt, ist die Art des überlieferten Textes. Es handelt sich bei diesen Monologen nicht um die Gespräche zwischen Kaufleuten europäischer und arabischer Herkunft, sondern um die Schelte, die der Sklavenbesitzer an seinen Sklaven richtet. Von diesem Standpunkt aus betrachtet, kann man davon ausgehen, dass diese Monologe zwar die Lingua Franca wiedergeben, wie sie am Anfang des 17. Jahrhunderts in Nordafrika gesprochen wurde, aber dass sie aber nicht zwingend die Lingua Franca wiedergeben, wie sie zwischen den Kaufleuten der verschiedenen Nationen in Gebrauch war.

---

[53] http://en.wiktionary.org/wiki/foris#Latin (12.11.2010) und http://en.wiktionary.org/wiki/foras (12.11.2010)
[54] http://en.wiktionary.org/wiki/foris#Latin (12.11.2010)

Dictionnaire de la langue franque ou petit mauresque

Eine weitere Quelle für Auszüge aus der Lingua Franca stellt der *Dictionnaire de la langue franque ou petit mauresque, suivi de quelques dialogues familiers et d'un vocabulaire de mots arabes les plus usuels; â l'usage des Français en Afrique,* Marseille, 1830, dar.[55] Dieses Buch, das geschrieben wurde, um den französischen Truppen, die zu dieser Zeit die Eroberungsfeldzüge in Nordafrika starteten, die Verständigung mit der einheimischen Bevölkerung zu vereinfachen, enthält mehrere Dialoge, die soweit bekannt ist, die einzigen Dialoge sind, in denen beide Sprecher die Lingua Franca benutzen. Der folgende Gesprächsbeitrag dient zur Veranschaulichung eines Plaudergesprächs zwischen zwei Personen.

Lingua Franca

bon dgiorno Signor.
commé ti star?
mi star bonou, é ti.
mi star contento mirar per ti.
gratzia.
mi poudir servir per ti per qoualké cosa?
mouchou gratzia.
ti dar una cadiera al Signor.
non bisogna.
mi star bene acoussi.
commé star il fratello di ti?
star mouchou bonou.
star in casa?
no, star fora
E il padré de ti commé star?
non star bouonou.
cosa tenir.
tenir febra.
dispiacher mouchou per mi.
molto tempo ti non mirato Signor M.?
mi mirato iéri.
star bouona genti.
quando ti mirar per ellou, saloutar mouchou per la parté de me.
Adios amigo.

---

[55] Schuchardt: Die Lingua franca, Zeitschrift für rom. Philologie 33 (1909) S.453

Deutsch

Guten Tag Herr,

Wie geht es ihnen?

Mir geht es gut und ihnen?

Ich freue mich sie zu sehen,

Danke sehr.

Kann ich ihnen etwas anbieten?

Nein, vielen Dank

Gib dem Herrn einen Stuhl

Das ist nicht nötig

Ich bin bedient.

Wie geht es ihrem Bruder?

Ihm geht es sehr gut.

Ist er zuhause?

Nein er ist fort.

Und wie geht es ihrem Vater?

Ihm geht es nicht gut.

Was ist mit ihm?

Er hat Fieber.

Das tut mir leid.

Ist es lange her, seitdem sie Herrn M. gesehen haben?

Ich sah ihn gestern.

Er ist ein guter Mann.

Wenn Sie ihn sehen, grüssen Sie ihn von mir.

Auf Wiedersehen Freund.

Lingua Franca	Latein	Italienisch	Französisch	Spanisch	Portugiesisch	Deutsch
bon dgiorno	bonus diurnus	**buongiorno**	bonjour	buenos días	bom dia	Guten Tag
Signor	senior	**Signore**	seigneur	señor	senhor	Herr
contento	contentus	**contento**	content	**contento**	contente	glücklich
gratzia	gratia	**grazie**	grâce	gracia	graça	danke
servir	servire	**servire**	servir	servir	servir	servieren
qoualké cosa	qualis+quid+causa	**qualcosa**	quelque chose	cual+que+causa	qual+que+causa	etwas
cadiera	cathedra	cattedra	chaire	cátedra	cadeira	Stuhl
al		al	au	al	aos	dem
bisogna	bisonium	**bisogna**				notwendig(-keit)
il	ille	**il**	le	el		der
fratello	frater	**fratello**	frère	fratricida	frade	Bruder
di	de	**di**	de	de	de	von
padré	pater	padre	père	padre	pai	Vater
dispiacher	dis+placere	**dispiacere**	déplaisir	des+placer	des+prazer	missfallen
tempo	tempus	**tempo**	temps	tiempo	**tempo**	Zeit
iéri	heri	**ieri**	hier	ayer		gestern
genti	gens	**gente**	gens	**gente**	**gente**	Person
quando	quando	**quando**	quand	cuando	**quando**	wenn
ellou	illui	egli/lui	lui	el	o	er
saloutar	salutare	**salutare**	saluer	**saludar**	saudar	grüssen
parté	pars	parte	part	parte	parte	Teil
adios	ad deus	addio	adieu	**adiós**	adeus	Auf Wiedersehen
amigo	amicus	amico	ami	**amigo**	**amigo**	Freund

Wie schon bei den anderen Quelltexten zeigen sich bei diesem Dialog Wörter aus unterschiedlichen romanischen Sprachen. Auffällig sind die Wörter, die auch schon bei den anderen Texten in Gebrauch sind, darunter *star*, *tenir* und *bonou* in seinen verschiedenen Schreibweisen.

Der Grossteil der Wörter, ist aus dem Italienischen, wodurch sich der Text von den Monologen, die Haedo als Beispiele angibt, unterscheiden. Zu diesen Wörtern, die mit ziemlicher Sicherheit vom Italienischen aus in die Lingua Franca gelangten, gehören *bisogna, iéri, il, saloutar, dispiacher, di, fratello, gratzia, bondgiorno* und *Signor*. *Qoualké cosa* stammt wahrscheinlich ebenfalls aus dem Italienischen. Das italienische *qualche cosa* dürfte die Vorlage geliefert haben.

Für *servir, contento, parté, al* und *padré* können verschiedene Ausgangssprachen in Betracht gezogen werden. Padré gehört über seine verschiedenen Zwischenstationen zum protoindoeuropäischen Wort *ph₂tér (Vater), von dem in den meisten indoeuropäischen Sprachen das Wort für Vater abstammt.[56] Die genaue Entstehungsgeschichte von *ellou* nachzuvollziehen, fällt schwer. Sicher ist nur, dass *ellou* aus einer der romanischen Ableitungen des Vulgärlateinischen *illui* entstanden ist. Denkbar ist eine Verschmelzung der beiden italienischen Formen *egli* und *lui*. Möglich wäre auch, dass das spanische *el* dem italienischen *lui* vorangestellt wurde.

Aus dem Okzitanischen gesellt sich *cadiera* (Stuhl) zu den Wörtern der anderen Sprachen.[57] Die Hintergrundgeschichte zu *cadiera* ist ebenfalls erwähnenswert. Wie man aus der Tabelle entnehmen kann, stammt es zuerst einmal vom lateinischen *cathedra* ab, welches seinerseits ein Lehnwort aus dem Griechischen ist. Das griechische Originalwort ist καθέδρα (Sitzplatz, Sitz)[58], ein Kompositum aus κατά (herab)[59] und ἕδρα (Sitz).[60]

Was die Struktur des Textes angeht, so kann man nur sagen, dass es sich bei diesem Dialog um etwas Einfaches handelt. Es handelt sich nicht um komplexe Kommunikation, sondern dient dazu, wie es auch die Verfasser des Buches, in dem der Dialog abgedruckt ist, beabsichtigten, ein anschauliches Beispiel für ein mögliches Gespräch, das in der Lingua Franca geführt wird, zu zeigen. Der Sinn dieses Ratgebers ist es ja, französisch sprachigen Personen ein Musterbeispiel eines Gesprächs zu liefern, wie in modernen Reiseführern.

---

[56] http://en.wiktionary.org/wiki/Appendix:Proto-Indo-European_*ph%E2%82%82t%E1%B8%97r (12.11.2010)
[57] http://en.wiktionary.org/wiki/cadi%C3%A8ra (12.11.2010)
[58] http://fr.wiktionary.org/wiki/%CE%BA%CE%B1%CE%B8%CE%AD%CE%B4%CF%81%CE%B1 (12.11.2010)
[59] http://en.wiktionary.org/wiki/%CE%BA%CE%B1%CF%84%CE%AC#Ancient_Greek (12.11.2010)
[60] http://en.wiktionary.org/wiki/%E1%BC%95%CE%B4%CF%81%CE%B1#Ancient_Greek (12.11.2010)

Lingua Franca im Vergleich zur englischen Sprache

Durch die aussergewöhnliche Bedeutung, die die Lingua Franca des Mittelmeeres hatte, etablierte sich die Bezeichnung „Lingua Franca" für Sprachen, die in einem bestimmten geographischen Bereich zur Verständigung zwischen verschieden sprachigen Personen benutzt werden.

Die wohl dominanteste Stellung innerhalb der Verkehrssprachen hat heute Englisch. Wie die Lingua Franca des Mittelmeeres ist Englisch die dominierende Sprache im internationalen Handel zudem in der Wissenschaft und im internationalen Flugverkehr. Seine Bedeutung begann mit dem Ausbau des britischen Kolonialreiches, in welchem es als Lingua Franca verwendet wurde und auch heute noch verwendet wird. Bestes Beispiel hierfür ist Indien, in dem man Englisch auch heute noch verwendet, da es zur Verständigung zwischen den vielen verschiedensprachigen Einwohnern dient. Englisch ist neben Hindi eine der beiden offiziellen Sprachen der Zentralregierung. Dies ist insbesondere auf den Druck der nicht Hindi sprechenden Bevölkerung zurückzuführen, die die Pläne der Regierung verhinderte, die Bedeutung des Englischen zurückzustufen. [61]

Die globale Dominanz des Englischen ist allerdings vor allem auf die Dominanz der Vereinigten Staaten von Amerika nach dem Ende des zweiten Weltkrieges zurückzuführen.

Andere Sprachen, die zur Verständigung unterschiedlich sprachiger Personen dienen oder dienten sind unter anderem Spanisch, Französisch, Jiddisch, Koine, Latein, Arabisch, Chinesisch und Fanagalo, welches insofern eine Besonderheit darstellt, als dass sein Gebrauch auf die Bergbauindustrie Südafrikas beschränkt ist bzw. war.[62]

Die Bandbreite an Verkehrssprachen verdeutlicht den Grund, wieso sie überhaupt existieren. Seit der Handel und der kulturelle Austausch Ausmasse angenommen haben, die die Sprachgrenzen überschreiten, besteht eine Notwendigkeit sich miteinander zu verständigen. Die globalisierte Welt, wäre nicht möglich ohne eine dominante Verkehrssprache, die den globalen Waren- und Informationsaustausch erst ermöglicht.

---

[61] http://www.languageinindia.com/april2002/officiallanguagesact.html (5.11.2010) und http://en.wikipedia.org/wiki/Languages_with_official_status_in_India (5.11.2010)
[62] http://en.wikipedia.org/wiki/Fanagalo (5.11.2010)

Der Grund, weswegen sowohl Englisch wie auch die Lingua Franca zu ihrer Bedeutung kamen, liegt für das Englische in der wirtschaftlichen Stärke seiner Herkunftsländer. Für die Lingua Franca kann kein genauer Entstehungsort ausgemacht werden. Jedoch gilt es zu beachten, dass die Lingua Franca zu einem grossen Teil auf dem Italienischen basierte, der Sprache der Handelsmetropolen Venedig, Florenz und Genua. Englisch ist die Sprache der weltgrössten Wirtschaftsmacht, deren kultureller Einfluss ebenfalls ungeheuer stark ist.

So lange wie der internationale Handel und kultureller Austausch im Gange ist, so lange wird auch eine Sprache eine herausragende Stellung haben und als Instrument der Verständigung dienen. Die anderen Sprachen verändern sich auch durch den Kontakt mit der dominanten Verkehrssprache. Es gibt kaum eine Sprache, in der kein englisches Lehnwort zu finden ist. Im Deutschen hat sich für den übermässigen Gebrauch von Anglizismen der Begriff Denglisch herausgebildet, der die Vermischung der Sprachen versinnbildlicht.

Ein gewichtiger Unterschied zwischen der Lingua Franca und dem Englischen ist die Art der Verbreitung. Der Gebrauch der Lingua Franca beschränkte sich hauptsächlich auf die Kaufleute, die in ihren Handelsschiffen über das Mittelmeer fuhren, und die Bevölkerung nordafrikanischer Städte, die die Lingua Franca als Zweitsprache zur Kommunikation mit Sklaven und Europäern nutzten. Der Grossteil der Bevölkerung Europas und Nordafrikas kam jedoch nie in ihrem Leben mit der Lingua Franca in Kontakt, wodurch die Entwicklung der jeweiligen Sprachen zum Grossteil nicht durch diese internationale Verkehrssprache beeinflusst wurde.

Das Englische übt jedoch einen weitaus stärkeren Einfluss auf die Sprachen der anderen Länder aus. Es sind nicht mehr einzelne Kaufleute und Matrosen, die sich in der dominierenden Verkehrssprache verständigen können, sondern ein bedeutender Teil der Bevölkerung. Das Internet, in welchem die Mehrzahl aller Seiten auf Englisch ist, fördert diese Entwicklung der Dominanz der englischen Sprache noch weiter. Die Verwendung beschränkt sich nicht mehr nur auf Wirtschaftskreise oder auf Reisen durch andere Länder. Mit dem Internet ist die Lingua Franca unserer Zeit auch zu einem wichtigen Bestandteil der Freizeitgestaltung und der Kommunikation geworden.

Abschliessendes Votum

Die Lingua Franca war, wie ihr Name schon sagt, ein Lingua Franca, also ein Verkehrssprache. Die Geschichte ihrer Entstehung stimmt mit der einer typischen Pidginsprache überein. Sie entstand zu einem Zeitpunkt, als sie für einen bestimmten Zweck gebraucht wurde, dem aufkommenden Handel zwischen Europa und dem muslimischen Nordafrika und Nahen Osten. Oder besser gesagt dem Sprachkontakt zweier Sprachgruppen. Schliesslich verschwand sie von der Bildfläche, als sie nicht mehr gebraucht wurde. Der Handel zwischen den industrialisierten Staaten Europas und den nicht industrialisierten Staaten Nordafrikas und des Nahen Ostens erlahmte. Der Grossteil des Handelsvolumens lief nun zwischen den einzelnen europäischen Staaten ab. Der Sprachkontakt bestand zwar weiterhin, allerdings unter anderen Voraussetzungen. Es war kein Sprachkontakt mehr zwischen Händlern aus unterschiedlichen Ländern oder einem Herrn und seinen Sklaven. Es war der Sprachkontakt zwischen den europäischen Kolonialisten und den von ihnen eroberten Völkern. Die Bedingungen waren nun anders. Die Sprache der Herrschenden versprach Vorteile, wodurch die Lingua Franca keinen Existenzzweck mehr hatte und zu Gunsten der Nationalsprachen verloren ging.

Die Lingua Franca war eine Pidginsprache. Die Grammatik wurde vereinfacht und auf die Bedürfnisse zugeschnitten. Schuchardt[63] bringt ein wunderbares Beispiel für diese Entwicklung. Er schreibt, dass ein Araber, der das Verb *mangiar* im Sinne von „essen" benutzt, es auf irgendeinem Weg durch einen Italiener gelernt haben muss, jedoch wenn der Araber *mangiar* auch für die verschiedenen Personen benutzt wird er für seinen Fehler verantwortlich gemacht. Nur kann der Araber ja nicht wissen, dass er es falsch macht, da er ja kein Italienisch spricht. Aber er musste es auch gar nicht. Das Benutzen des Infinitivs für alle Personen erfüllte seinen Zweck, nämlich die Verständigung. Die reduzierte Sprachform, die typisch für Pidginsprachen ist, zeigt sich an diesem Beispiel Schuchardts.

Die Vermischung der verschiedenen Sprachen ist anhand der unterschiedlichen Quellentexte offensichtlich. Die grammatikalische Grundstruktur der romanischen Sprachen zeigt sich in der Lingua Franca. Im Wortschatz sieht man, dass die Lingua Franca ihre Wörter aus allen Ecken und Enden bezog. Sie vermischt spanische

---

[63] Hugo Schuchardt: Die Lingua franca, Zeitschrift für rom. Philologie 33 (1909) S.441-461

Wörter mit italienischen, französische mit portugiesischen. Dennoch bleibt sie stets verständlich, was wahrscheinlich auf die nahe Verwandtschaft der vermischten Sprachen zurückzuführen ist.

Der Einsatz der Lingua Franca in Molières Stück beweist, wie weit verbreitet das Wissen um diese Sprache war und mit was sie in Verbindung gebracht wurde. Von den Europäern wurde die Lingua Franca als etwas verstanden mit dessen Hilfe sich die Leute aus dem Morgenland mit ihnen verständigten, und es war zugleich ein untrügliches Identifikationsmerkmal eines muslimischen Ausländers. Auch in Carlo Goldonis *L'impresario delle Smirne (1760)* kommt es in einer Szene zu einer Begegnung mit einem Kaufmann aus der Türkei, der in der Lingua Franca mit den Anwesenden spricht. Die Lingua Franca war ins Bild, das die Europäer von den Türken und Arabern hatten, tief eingewoben. Wobei die Frage bleibt, ob die Lingua Franca in diesen Theaterstücken dazu diente, die ausländische Herkunft der sie benutzenden Charaktere zu unterstreichen, oder ob man sich so über die ungenügenden Sprachkenntnisse der Ungläubigen aus dem Morgenland lustig machen wollte. Wahrscheinlich trifft beides zu. Das eine war mit dem anderen verbunden. Es war natürlich, dass die arabischen und türkischen Seeleute so sprachen, wenn sie sich mit Europäern unterhielten. Dies hielt die Theaterautoren jedoch nicht davon ab, die geringen Sprachkenntnisse der arabischen und türkischen Seeleute, zur Erheiterung der europäischen Zuhörer zu gebrauchen. Hier dürfte insbesondere die makkaronische Dichtung eine nicht zu unterschätzende Rolle gespielt haben.

Zusammenfassend kann man sagen, dass die Lingua Franca wohl eine ähnlich wichtige Bedeutung inne hatte, wie heutzutage das Englische, wenn auch mit weit weniger Dominanz. Dennoch war sie für mehrere Jahrhunderte die wohl wichtigste Verkehrssprache des Mittelmeeres, seitdem die Römer es beherrschten und Latein und Griechisch diese Stellung inne hatten.

Nachwort

Im Laufe dieser Arbeit habe ich einiges bezüglich des untersuchten Themas in Erfahrung gebracht. Ich habe durch Recherche und dem Zusammentragen von Informationen ein Bild dieser Sprache, der Lingua Franca erhalten. Ein Bild, das zeigt, was für eine Bedeutung die Lingua Franca im mittelalterlichen Handel im mediterranen Raum besass und wie sie sich entwickelte. Über die Gestalt der Lingua Franca konnte ich leider nicht so viel in Erfahrung bringen, wie über ihre Geschichte. Dies ist eine Folge der spärlichen Quellenlage. Es gibt kaum einen Text in Lingua Franca und bei jedem wird die Frage aufgeworfen, ob sie das ist. Trotzdem habe ich durch die Arbeit gelernt, mit den verschiedenen Bücherquellen in unterschiedlichen Sprachen zu arbeiten, und zu entscheiden, wie man Informationen in solchen wissenschaftlichen Büchern auswertet.

Bedanken möchte ich mich bei meinem Betreuer Stephan Frech, der mir dieses Thema erst nähergebracht hat und meiner Mutter, die mich gut beraten hat.

Literaturverzeichnis

- Dakhlia, Jocelyne, *Lingua Franca - Histoire d'une langue métisse en Méditerranée*, Actes Sud, 2008
- Henry Romanos Kahane, *The Lingua Franca in the Levant: Turkish Nautical Terms of Italian and Greek Origin*, University of Illinois, 1958
- Schuchardt, Hugo, Die Lingua franca, Zeitschrift für rom. Philologie 33, 441-461, 1909
- Wansbrough, John, Lingua Franca in the Mediterranean, Curzon Press, 1996
- MSN Encarta, "Barbareskenstaaten".
  http://www.enzyklo.de/Begriff/Barbareskenstaaten (22.10.2010)
- Thirumalai, M. S., Ph.D.
  http://www.languageinindia.com/april2002/officiallanguagesact.html (5.11.2010)
- Lessan,
  http://www.lessan.org/de/christ (12.11.2010)
- Paginebianche,
  http://www.paginebianche.it/index_en.html (21.10.2010)
- Corré, Alan, "Lingua Franca Texts"
  https://pantherfile.uwm.edu/corre/www/franca/edition3/lingua5.html (16.9.2010)
- Weikopf, Welt der Sprache, "Pidgin- und Kreolsprachen",
  http://www.weikopf.de/index.php?article_id=57 (12.11.2010)
- Wikipedia, Die freie Enzyklopädie, "Aphärese", Bearbeitungsstand: 9.2.2010, 18.28 Uhr.
  http://de.wikipedia.org/wiki/Aph%C3%A4rese (11.11.2010)
- Wikipedia, Die freie Enzyklopädie, "Apokope", Bearbeitungsstand: 28.4.2010, 20.32 Uhr.
  http://de.wikipedia.org/wiki/Apokope (11.11.2010)
- Wikipedia, Die freie Enzyklopädie, "Bayezid II.", Bearbeitungsstand: 10.11.2010, 18.04 Uhr.
  http://de.wikipedia.org/wiki/Bayezid_II. (11.11.2010)
- Wikipedia, Die freie Enzyklopädie, "Barbier", Bearbeitungsstand: 10.11.2010, 17.12 Uhr.
  http://de.wikipedia.org/wiki/Barbier (11.11.2010)

- Wikipedia, Die freie Enzyklopädie, "Brigantine", Bearbeitungsstand: 22.11.2010, 10.39 Uhr.
  http://de.wikipedia.org/wiki/Brigantine_(Schiffstyp) (26.11.2010)
- Wikipedia, Die freie Enzyklopädie, "Korsar", Bearbeitungsstand: 10.10.2010, 13.03 Uhr.
  http://de.wikipedia.org/wiki/Korsar_(Pirat) (12.11.2010)
- Wikipedia, Die freie Enzyklopädie, "Makkaronische Dichtung", Bearbeitungsstand: 14.11.2010, 17.59 Uhr.
  http://de.wikipedia.org/wiki/Makkaronische_Dichtung (26.11.2010)
- Wikipedia, Die freie Enzyklopädie, "Pidgin-Sprachen", Bearbeitungsstand: 14.11.2010, 19.31 Uhr.
  http://de.wikipedia.org/wiki/Pidgin-Sprachen (7.11.2010)
- Wikipedia, Die freie Enzyklopädie, "Tartaros", Bearbeitungsstand: 3.10.2010, 21.56 Uhr.
  http://de.wikipedia.org/wiki/Tartaros (26.11.2010)
- Wikipedia, the free encyclopedia, "Barbary Corsairs", Bearbeitungsstand: 10.10.2010, 15.27 Uhr.
  http://en.wikipedia.org/wiki/Barbary_corsairs (12.11.2010)
- Wikipedia, the free encyclopedia, "Catalan Atlas", Bearbeitungsstand: 21.8.2010, 04.02 Uhr.
  http://en.wikipedia.org/wiki/Catalan_Atlas (7.11.2010)
- Wikipedia, the free encyclopedia, "Fanagalo", Bearbeitungsstand: 6.10.2010, 00.00 Uhr.
  http://en.wikipedia.org/wiki/Fanagalo (5.11.2010)
- Wikipedia, the free encyclopedia, "Languages with official status in India", Bearbeitungsstand: 1.11.2010, 06.44 Uhr.
  http://en.wikipedia.org/wiki/Languages_with_official_status_in_India (5.11.2010)
- Wikipedia, the free encyclopedia, "Lingua Franca", Bearbeitungsstand: 13.8.2010, 11.28 Uhr.
  http://en.wikipedia.org/wiki/Lingua_franca (26.8.2010)
- Wikipédia, L'encyclopédie libre, "Sabir", Bearbeitungsstand: 19.10.2010, 10.03 Uhr.
  http://fr.wikipedia.org/wiki/Sabir (6.11.2010)

- Wiktionary, the free dictionary, „-ade", Bearbeitungsstand: 15.9.2010, 19.29 Uhr.
  http://en.wiktionary.org/wiki/-ade#French (12.11.2010)
- Wiktionary, the free dictionary, „κατά", Bearbeitungsstand: 9.10.2010, 14.50 Uhr.
  http://en.wiktionary.org/wiki/%CE%BA%CE%B1%CF%84%CE%AC#Ancient_Greek (12.11.2010)
- Wiktionary, the free dictionary, „ἕδρα", Bearbeitungsstand: 29.8.2010, 13:53 Uhr.
  http://en.wiktionary.org/wiki/%E1%BC%95%CE%B4%CF%81%CE%B1#Ancient_Greek (12.11.2010)
- Wiktionary, the free dictionary, „*ph₂tḗr", Bearbeitungsstand: 26.9.2010, 02.51 Uhr.
  http://en.wiktionary.org/wiki/Appendix:Proto-Indo-European_*ph%E2%82%82t%E1%B8%97r (12.11.2010)
- Wiktionary, the free dictionary, „*steh₂", Bearbeitungsstand: 10.11.2010, 09.18 Uhr.
  http://en.wiktionary.org/wiki/Appendix:Proto-Indo-European_*steh%E2%82%82- (11.11.2010)
- Wiktionary, the free dictionary, „*ḱwṓ", Bearbeitungsstand: 8.11.2010, 12.36 Uhr.
  http://en.wiktionary.org/wiki/Appendix:Proto-Indo-European_*%E1%B8%B1w%E1%B9%93 (11.11.2010)
- Wiktionary, the free dictionary, „dagen", Bearbeitungsstand: 17.9.2010 01.50 Uhr.
  http://en.wiktionary.org/wiki/dagen#Old_High_German (11.11.2010)
- Wiktionary, the free dictionary, „barba", Bearbeitungsstand: 10.9.2010, 09.21 Uhr.
  http://en.wiktionary.org/wiki/barba#Latin (11.11.2010)
- Wiktionary, the free dictionary, „cabeza", Bearbeitungsstand: 9.11.2010, 23.05 Uhr.
  http://en.wiktionary.org/wiki/cabeza (12.11.2010)
- Wiktionary, the free dictionary, „cadièra", Bearbeitungsstand: 27.9.2010, 23.16 Uhr. http://en.wiktionary.org/wiki/cadi%C3%A8ra (12.11.2010)

- Wiktionary, the free dictionary, „caput", Bearbeitungsstand: 1.10.2010, 10:41 Uhr.

  http://en.wiktionary.org/wiki/caput (12.11.2010)
- Wiktionary, the free dictionary, „facio", Bearbeitungsstand: 2.11.2010, 07.49 Uhr.

  http://en.wiktionary.org/wiki/facio#Latin (11.11.2010)
- Wiktionary, the free dictionary, „foras", Bearbeitungsstand: 16.8.2010, 03.32 Uhr.

  http://en.wiktionary.org/wiki/foras (12.11.2010)
- Wiktionary, the free dictionary, „foris", Bearbeitungsstand: 16.8.2010, 03.36 Uhr.

  http://en.wiktionary.org/wiki/foris#Latin (12.11.2010)
- Wiktionary, the free dictionary, „parlare", Bearbeitungsstand: 1.8.2010, 19.57 Uhr.

  http://en.wiktionary.org/wiki/parlare (26.11.2010)
- Wiktionary, the free dictionary, „pigliare", Bearbeitungsstand: 28.1.2010, 08.19 Uhr.

  http://en.wiktionary.org/wiki/pigliare (12.11.2010)
- Wiktionary, the free dictionary, „sapio", Bearbeitungsstand: 24.9.2010, 19.34 Uhr.

  http://en.wiktionary.org/wiki/sapio#Latin (11.11.2010)
- Wiktionary, the free dictionary, „taceo", Bearbeitungsstand: 18.7.2010, 08.16 Uhr.

  http://en.wiktionary.org/wiki/taceo (11.11.2010)
- Wiktionary, the free dictionary, „tortoise", Bearbeitungsstand : 28.9.2010, 10.39 Uhr.

  http://en.wiktionary.org/wiki/tortoise (12.11.2010)
- Wiktionary, the free dictionary, „turban", Bearbeitungsstand: 22.10.2010, 13.15 Uhr.

  http://en.wiktionary.org/wiki/turban (11.11.2010)
- Wikcionario:Portada, "tortuga", Bearbeitungsstand: 11.11.2010, 16.29 Uhr.
  http://es.wiktionary.org/wiki/tortuga (12.11.2010)

Oxford University Press, http://www.oxfordislamicstudies.com/article/opr/t125/e2363 (13.10.2010)